Für MLuiZ

Thom Renzie

Gegen den Strich

Neue Aphorismen und Fragmente

BoD – Books on Demand, Norderstedt

Bibliografische Information der Deutschen Nationalbibliothek:
Die Deutsche Nationalbibliothek verzeichnet diese Publikation
in der Deutschen Nationalbibliografie; detaillierte
bibliografische Daten sind im Internet über dnb.dnb.de
abrufbar.

Herstellung und Verlag:
BoD – Books on Demand, Norderstedt

ISBN: 9783748165514

Als die Welt fertig war, gab es die Wahrheit.
Dann schuf der Mensch noch die Nebelkerzen.

Es gibt **Abenteuer**, für die Sprache zu klein ist, und die so groß sind, dass sie auf keine Karte passen.

Aberglaube – die Gehhilfe, auf die sich die Vernunft auch in rationalen Zeiten gerne mal stützt, wenn sie sich nicht ganz über den Weg traut.

Es soll schon Menschen gegeben haben, die zunehmend mehr **abgenommen** haben.

Bevor **Ablehnung** ansteht, drängelt sich gern Angst davor.

Kollektive **Ablehnung** verbindet.

Ist das Maß an **Ablehnung** erst voll, wünscht sich mancher ein Angebot nur noch, um es ablehnen zu können.

Absolution: kirchliche Freisprecheinrichtung.

Achtsamkeit ist die Fähigkeit, die Nase freizuhalten von Gedanken, die auf ihr herumzutanzen.

Achtsamkeit – das Purgatorium des Denkens.

Achtsamkeit: gelenktes Verweilen.

Alltag ist dort, wo Phantasie unmerklich oxidiert.

Wenn **Alltagstheorien** sich amüsieren wollen, gehen sie zum Stammtisch.

Alltag: Variable, die zur Definitionsmenge gewohnheitsmäßiger Abläufe gehört. Farbe: Grau.

Auch wenn im **Alter** vieles nicht mehr so flüssig läuft, man erkennt zumeist, was überflüssig war.

Altersgelassenheit: Der gebrauchte Montag ist auch nur einer von mehreren Tagen einer gebrauchten Woche.

Geistlos, ideenlos, witzlos, fantasielos, hohl, billig, banal und schal – alternativ zu **alternativlos**.

Angst braucht Maß. Zu wenig riskiert zu viel. Zu viel riskiert zu wenig.

Wenn die **Angst** anklopft, packt der Verstand schnell mal die Koffer.

Prüfungsergebnisse: der Rest, den die **Angst** übrig gelassen hat.

Ansichten zeigen den Vorurteilen Bereiche, wo diese sich richtig breit machen können.

Mit manchen **Aphorismen** ist es so eine Sache. Sie führen das Denken um die Ecke.

Aphorismen: die Dessous-Abteilung der Philosophie.

Aphorismen gelten den Wörtern ihre Schattenseiten ab.

Aphorismen geben der Vielsprachigkeit der Wörter Hand und Fuß.

Ein **Aphorismus** verrät nur wenig bis nichts über den Abraum des ihm vorangehenden gedanklichen Prozess.

Arbeits- und Motivationsvolumen: Das eine bläst sich auf, dem anderen geht die Luft aus.

Ausgelebter **Ärger** macht es nur noch ärger.

Ärger ist ein wunderbares Mittel, Energie und Lebenszeit durchzubringen.

Der Zufall gestattet es, die **Argumente** ganz und gar neu zu erfinden.

Arroganz: Make-up der Distanz.

Arroganz: maskierte Ahnungslosigkeit.

Aufrichtigkeit und Findigkeit: eine ephemere Beziehung.

Der **Augenblick** – Eldorado der Flüchtigkeit.

Wenn die Sonne pathetisch wird und ihr letztes Licht im beseelten Abendrot dekantiert, sollte man sich schon mal einen **Augenblick** nehmen und ihn goutieren.

Moment! Der kategorische Imperativ des **Augenblicks**.

Klassische **Aussagenlogik** nach Adam und Eva: Kain und Abel oder Kain oder Abel? Kain oder Abel. Kain und nicht Abel. Kein Abel, aber Kain.

Authentizität ist eine wunderbare Sache. Man kann Menschen dafür verachten, was sie sind.

Das **Bauchgefühl** ist schnell fertig dort, wo Prämissen und Konklusionen sich erst um Konventionen mühen.

Bei großen **Bauvorhaben** beliebt. Erst zieht es sich und dann wird die Öffentlichkeit ins Bild gesetzt, dass es einem die Schuhe auszieht und die Kosten den Rahmen gesprengt haben.

Manche Wörter ersaufen schier in ihren **Begleitvorstellungen**.

Immer diese **Beklemmung**, jemand könnte plötzlich hinter einem stehen und im Pluralis Majestatis sagen: „Wir schaffen das!"

Bequemlichkeit macht der Bereitschaft nicht selten einen Strich durch die Rechnung.

Bei einem **Berufsoptimisten** kann man schon mal schwarz werden, bevor dieser schwarzsieht.

Professionelle **Bescheidenheit** ist die Fähigkeit, mit dem Licht unter dem Scheffel so zu kokettieren, dass es über diesem erstrahlt.

Manchmal ist es **besser** zu gehen, damit es hinterher besser geht.

Beziehungen sind ein lässliches Beförderungsmittel, wenn sie gepflegt werden.

Manche **Beziehungen** sind wie billiges Schuhwerk. Ziemlich schnell ausgelatscht.

Bildung: Wenn man heute auf die Verpackung klopft, klingt's ziemlich hohl.

Biologe: Grüne Freimaurerloge.

Man nehme etwas mehr **Blauäugigkeit** und blaue Wunder werden gleich wahrscheinlicher.

Blutdruckliga: Aufstieg für alle und das Geschäft brummt.

Schnell schlecht werden gute Nachrichten, wenn sie sich mit der **Börse** einlassen.

Auf Ähre und Gewissen – Verständnis eines **Botanikers**.

Wenn **Bürokratie** gewissenhaft arbeitet, gehen gute Ideen nicht selten stempeln.

Chancen sind zumeist unerbittlich. Sie verpassen dem, der sie verpasst hat, zukünftig gern einen Korb.

Schwierigkeiten fördern mitunter **Charaktereigenschaften** zutage, die ansonsten vor sich hingeschlummert hätten.

Ein bestimmter **Charakterzug** – manchmal der Grund, dass man nicht zum Zug kommt.

Man fragt sich, wann Hamster, Mäuse und Eichhörnchen anfangen, ihre Futtervorräte in der **Cloud** zu speichern.

Das haben wir gleich. Gleich bekommt gleich eine ganze eigene Qualität, wenn der **Computer** verrücktspielt.

Können nicht mal bis zwei zählen und mischen heute überall mit: **Computer**.

Mal eben. Running Gag bei **Computerproblemen**.

Contenance beschreibt die Fähigkeit, die Interaktionspartner bezüglich der eigenen inneren Gemütsunruhe erfolgreich zu belügen.

Darwin: Evolution einer Theorie. Gott lässt jeden Unsinn stehen. Bis er überholt und widerlegt ist.

Das Traumlabor - die **Datenbank** der Seele.

Demokratie – das potemkinsche Dorf der Plutokratie.

Demokratie: Anlaufstelle für heruntergekommene Prinzipien.

Erst einnehmen, dann ausnehmen - wenn das Imperium anderen Ländern die **Demokratie** bringt.

Wer das physikalische Gesetz von der Trägheit der Masse begriffen hat, hat die **Demokratie** verstanden.

Wissenschaftliche **Demut** - Anerkenntnis ungeheurer Ahnungslosigkeit.

Eine Prise **Demut** von Fall zu Fall verhindert nicht selten einen tiefen Fall.

Bei Erfahrungen, die nicht für **Denkanstöße** hinreichen, zeigt das Leben gerne bis zur Penetranz Geduld.

Die öffentlich-rechtlichen Betreuungseinrichtungen für das **Denken** werden GEZwungenermaßen vom Publikum finanziert.

Demokratie: Das Glück der Protagonisten ist, dass das **Denken** nicht allen gelingt.

Das Problem des **Denkens** ist, dass es noch mit Begriffen diskutiert, wenn die Intuition bereits ganz unbegrifflich entschieden hat.

Es drängt sich der Gedanke auf, dass es in Deutschland verboten ist, vor einen Laden ein Schild ohne **Deppenapostroph** zu hängen.

Desillusionierung und Erkenntnis geben sich gern die Klinke in die Hand.

Was wären bestimmte politische Interessen ohne das Feld öffentlichen **Desinteresses**, auf dem sie sich wunderbar entfalten können.

Dialektik: Beschaffungslogistik für das Aufheben von Gegensätzen.

Die Kunst, den Diskussionspartner in Rede und Gegenrede zu überzeugen, stößt schnell an ihre Grenzen, wenn die **Dialektik** im Dialekt vorgetragen wird, zumal in einem nicht vertrauten.

Wenn Politiker sich auf **Diät** setzen, mögen sie es üppig.

Diebstahl: Ein Dieb stahl einem anderen Dieb Stahl.

„Wahres Herrschen ist **Dienen**", heißt es im I Ging. Aber wem dienen die, die herrschen in Wahrheit?

Das **Dilemma** der Demokratie – angenehmer wird's nach Wahlen nie.

Es gibt Zeiten und Orte, da kann es ziemlich teuer werden und man bucht das Abenteuer gleich mit, wenn man über bestimmte **Dinge** redet.

Mit manchen **Dingen** ist es so eine Sache. Obwohl sie einem durch den Kopf gehen, gehen sie gar nicht.

Diplomatie ist der Ausgehanzug der Hinterlist.

Dogmen:
das
Verlies
der
letzten
Fragen.

Je später der Abend, desto weniger die Gäste.
Auf der Weltleid-Währungsparty wird das Licht
gedimmt, bevor es abgeschaltet wird. Und der
US-**Dollar** steht verkatert an der Substituier-Bar.

Dumm ist nicht, wer sich herausnimmt zu
fragen, sondern der, der alles fraglos hinnimmt.

Wenn **Dummheiten** renommieren wollen,
nennen sie sich Erfahrungen.

Durst und Hunger - im Numerus Individualisten.

Rücksichtslos – verkauft sich gerne auch mal als
dynamisch.

Bestens ausgeprägter **Egoismus**: 100 ProzentIch

Ehe er sich's versah, musste schon mancher erkennen, dass die **Ehe** ein Versehen war.

Ehrlich? Um jeden Preis? Verletzend.

Ehrlichkeit? Mitunter ist es ehrlich besser zu schweigen.

Dreifaltigkeit: Rechnung mit der **Einfalt** der Gläubigen.

Einsilbigkeit: Zeit, dass die Wörter an der Verbesserung ihrer CO_2-Bilanz arbeiten.

Das Problem der freien **Energie** ist, dass sie sich selbst mit viel Energie nicht kommerziell vermarkten lassen will.

Entscheidungen steht es gut an, zu wissen, wem sie das letzte Wort überlassen, wenn Verstand und Instinkt über sie diskutieren.

Enttäuschungen sind Lektionen. Sie gehören zum Leben und dienen der Nachjustierung vergangener Auffassungen. Man sollte sich Zeit nehmen, sie zu verstehen.

Steine, die einem in den Weg gelegt werden, haben ein Janusgesicht. Wenn man sie wendet, heißen sie **Erfahrungen**.

Der Kluge lagert den Vollzug praktischer **Erfahrungen** an Externe aus und verbucht allein die Erfahrungswerte.

Erfahrungen finden Blauäugigkeit sehr attraktiv.

Erfahrungen – ein Scharmützel mit der Chronologie.

Wenn die eigenen **Erfahrungen** sich zu reimen beginnen, sollte man sich über seine Lernfähigkeit ernsthaft Gedanken machen.

Übereilte Entscheidungen bereichern den **Erfahrungshintergrund**.

Erfolg – eine Dauerbaustelle, wenn er sich wiederholen soll.

Erfolg mag ja jemandem recht geben. Recht zu haben, regelt aber nicht schon den Erfolg.

Zwischen **Erfolg** und Versagen steht auch, was man bereit ist, sich zu versagen.

Die Faktizität der gewesenen Zeit versinkt im Dämmerlicht der **Erinnerung** unter einem Schleier von Fiktion.

Der potentielle Mehrwert der Fehler: **Erkenntnis**.

Richtig effizient werden Fehler, wenn man sie **erwachsen** werden lässt.

Mancher mag sich wünschen, er könnte so über den Dingen stehen, wie er sich als Kind **Erwachsene** vorgestellt hat.

Erwachsensein heißt, dass einem niemand vorschreibt, wann man ins Bett zu gehen hat. Die Crux ist, dass man mit dem nächsten Morgen auch allein klarkommen muss.

Erwartung kann ein Kobold sein, der einem ziemlich auf der Nase herumtanzt.

Ein **Esel** ist, wer glaubt, die Kuh ließe sich durch Aussitzen vom Eis bringen.

Ethik und Moral? Hält man sich in Politik und Wirtschaft im Bücherregal.

Experten sind Spezialisten, die in fünf von vier Fällen glauben richtig zu liegen, wenn sie sich irren. Und das auf hohem Niveau.

Es gibt Tage, da ist es einfacher an **Fabelwesen** zu glauben, als an das Gute im Menschen.

Aus der Desinformationsküche: fragmentierte Wahrheiten gemischt mit **Fabuliertem**.

Die **Fähigkeit**, mit seiner Unfähigkeit kokettieren zu können, macht sicherlich nicht unsympathischer.

Es ist erstaunlich, wie lange große **Fähigkeiten** vor sich hinschlummern können, wenn sie sich nicht mit dem Glauben, sondern mit dem kritischen Verstand einlassen.

Fahrigkeit ist die Fähigkeit, sich mit mehreren Sachen oberflächlich und ohne den Aufwand von Konzentration nicht richtig zu befassen.

Der Begriff der **Familienbande** bekommt in Zeiten gewisser Großfamilien ein ganz neues Konnotat.

Für den **Familienfrieden** werden die Teppiche schon mal ziemlich hoch gelegt, damit man genug darunter kehren kann.

Nichts ist effizienter als **Fehler**, wenn sie fehlen.

Anders als Fleisch werden **Fehler** nicht mürbe, wenn man ständig auf ihnen herumreitet.

Die Fruchtbarkeit mancher **Fehler** - verblüffend.

Die Furchtbarkeit mancher **Fehler** – erschütternd.

Fehler und Haftung - **fehlerhaft** –, bei Banken und in der Politik nicht in Personalunion.

Bei Gefahr zeigt sich **Feigheit** großzügig. Sie lässt sich nicht lange bitten und gibt Fersengeld.

Das **Feld** beherrschen, klingt jedenfalls besser als vordrängeln.

Fernsehwerbung - konditionierter Imperativ zum Wasserlassen.

Floskeln – Wort gewordene Leere.

Der Unterschied zwischen Fluch- und **Flug-bereitschaft**? Auf den Choleriker ist Verlass.

Fortschritt ist die Zuneigung zu Problemen.
Alte werden gelöst, neue kreiert.

Fortschritt nennt man auch die
Weiterentwicklung von Technologien, mit denen
sich immer mehr Menschen immer schneller
immer emotionsloser vernichten lassen.

Forschung: Ist sie zu forsch, sind die Ergebnisse
zu revolutionär, etwas für die Schublade der
Großkonzerne.

Dogmen haben unangenehme Schwestern: die
letzten **Fragen**.

Friktionen: die **Fraktion** kleiner und großer
Schwierigkeiten, die dafür sorgen, dass viele
Theorien in der Praxis ziemlich alt aussehen.

Die **Freiheit** der Gedanken endet dort, wo ihr Intimleben im Wort öffentlich gerinnt.

Freude ist eine weite Ebene, Trauer ein enges Tal.

Das Leben pflegt den, der seine **Freundschaften** nicht pflegt, irgendwann allein dastehen zu lassen.

Höhepunkt aller optimalen **Frustration**: der Schritt in die Tiefe der Veränderung.

Lehrer und Polizisten – Beamte mit **Frustrationshintergrund**.

Das Dilemma der **Frustrationstoleranz** ist, den Hut zu finden, unter den sich Scheitern, Enttäuschung, Gelassenheit und Kreativität bringen lassen.

Fundamentalismus: wenn es beim Fundament mental mangelt.

Fußball heute ist, wenn Geld Romantik frisst.

Als Gott mit der Welt fertig war, kam der **Fußball**, um die Realität gebührend zu beschäftigen.

Der Unterschied zwischen **Fußball** und Migration? Im Fußball braucht es meist einen ordentlichen Pass, um erfolgreich zum Abschluss zu kommen.

Garantiezeit ist die Zeit, die sich ein Produkt nimmt, um möglichst punktgenau bis zu seiner garantierten und dauerhaften Auszeit durchzuhalten.

Ausgedient. Mit der Ausstellung der **Geburtsurkunde** verabschiedet sich der Mensch von der Person.

Die Patina, die sich auf unsere Erinnerung legt, ist der Trotz, mit dem unser **Gedächtnis** der Endgültigkeit des Gewesenen die Stirn bietet.

Wozu ein **Gedanke** so alles taugt? Manche verfolgen ihn, andere spielen mit ihm, noch andere tragen sich mit ihm oder gehen gar mit ihm schwanger und wieder andere schlagen sich mit ihm herum. Und manchen geht auch einer auf.

Wenn man sie lässt, benehmen sich **Gedanken** gerne mal wie eine Schulklasse auf Wandertag.

Manche **Gedanken** sind so penetrant, dass sie gerade dann zurückkehren, wenn man sie gar nicht gebrauchen kann.

Manchmal, wenn sich nichts bewegt, muss man seinen **Gedanken** nur ein Paar neue Schuhe hinstellen.

Wer sich in einen **Gedanken** verliert, findet ihn überall wieder.

Gedanken-Los: Man wird sie einfach nicht los.

Geduld

-

die Tugend,
die
der Zeit
sagt,
dass sie
Wurst ist.

Geduld ist ein Investment in Zeit, im Vertrauen auf eine Rendite.

Es ist erstaunlich, was sich so alles ergibt, wenn man sich **geduldig** der Zeit ergibt.

Wer sich in **Gefahr** übergibt, kommt damit auch nicht drum herum.

Ge[h,]fahr! Die Aporie des doppelten Imperativs.

Auch **Gefühle** haben ihre Gezeiten. Manche ebben allerdings nie ab.

Gefühle: Rüstzeug der Indoktrination.

Ein tiefer **Geist** braucht keinen Bühnenzauber.

Lieber ein bisschen **geländegängig**, als mehr als nur gelinde fahrig.

Gelassenheit sorgt für das Dimmen der Beleuchtung im Theater der Gefühle.

Gelassenheit ist, wenn der Verstand den Gefühlen gebietet, wovon sie zu lassen haben.

Geld und Glück teilen die Einsilbigkeit, ansonsten sind sie auch gerne getrennt unterwegs.

Geldmacht – der archimedische Punkt außerhalb des Puppentheaters Demokratie.

Was sollte daran verkehrt sein, dass manche Menschen viel **Geld** besitzen? Verkehrt ist es erst, wenn Subjekt und Akkusativobjekt die Plätze getauscht haben.

Politik ist, wenn sich viele für den Unsinn einiger weniger zunächst krummlegen und hinterher **geradestehen** müssen.

Erstaunlich ist, wie viele Menschen sich darüber wundern, dass in Paragraphen geronnene **Gerechtigkeit** so recht keine Wundheilung versprechen kann.

Gerechtigkeit - Gefühle und Verstand haben da ihre jeweils ganz eigene Perspektive.

Gerüche – erstaunlich wirksame Erinnerungsaufheller.

Vielleicht ein **Gerücht** – viel, leicht dahingesagt.

Wenn **Gerüchte** sich vermehren wollen, gehen sie in die Öffemtlichkeit.

Wahrheit und **Geschichtsschreibung** mögen sich nicht wirklich.

Neben allen Verdrehungen feiert die **Geschichtsschreibung** ihre Lücken ausgelassen.

Das **Gesehene** – eine Frage der Erwartung.

Wie fragil eherne **Gesetze** doch plötzlich sind, wenn Geld sich meldet.

Erstaunlich, wie flink bei **Gesinnungsakrobaten** die Standpunkte zum Feind desertieren.

Die Sicherung des Qualitätsniveaus der Mitarbeiter-Pensionen der Öffentlich-Rechtlichen wird durch die Gebühreneinzugszentrale **gewährleistet**.

Wird erst das **Gewissen** schlecht, wünscht es sich das Gleiche fürs Gedächtnis.

Mit einem gewissen Wissen und einem **Gewissen**, lebt es sich gewiss anders, als mit einem Wissen ohne Gewissen.

Es soll Menschen geben, die andere auf dem **Gewissen** haben, weil die ein gewisses Wissen hatten.

Gewissen: im besten Fall die Quintessenz der Befragung aller Konzepte.

Wo die **Gier** zupackt, hat der Verstand schnell mal die Koffer gepackt.

Glaube - das Fundament aller Wissenschaft.

Gleichberechtigung ist eine wunderbare Sache. Es fehlen nur noch die Männerbeauftragten.

Gleichheit, Substantiv, feminin, rhetorischer Totschlagbegriff, gerne auch für den Abriss des traditionellen Bildungssystems bemüht.

Da, wo sie renommieren will, nennt sich **Gleichgültigkeit** auch schon mal Toleranz.

Glück – wartet nicht selten hinter Geduld.

Glück ist, wenn man mit einem Schuss ins Blaue ins Schwarze trifft.

Glücksgefühle bestellt man nicht bei Amazon, sondern bei der Endorphin GmbH & Co. KG.

Was **Gold** und Heu gemeinsam haben? Die ewige Suche nach dem Plural.

Die Kirche hat dem Prinzip **Gott** die kommerzielle Krone aufgesetzt.

Gott ist ein gewaltiger Querdenker.

Gott hat ein Problem. Es kümmern sich zu viele Experten um die Logistik seines Wortes.

Den Konjunktiv, sagt sich die Aussageform, überlasse ich **Gott** und den Indikativ dem Teufel.

Die Crux der Schöpfung ist, dass **Gott** nicht von seiner Maxime lässt: Alles kann, nichts muss!

Götterlogik: Dass der Schweiß vor dem Erfolg steht, heißt nicht zwingend, dass Erfolg hinter dem Schweiß stehen muss.

Gottes Ebenbild – der Mensch, eine Metapher. Eben ein Bild.

Der Teufel
unten,
Gott
oben
und
dazwischen
jede Menge
Betrieb.

Ein **Gottesgeschenk** mit zwei Seiten – auf der Rückseite der Hoffnung steht Enttäuschung.

Der **göttliche** Standpunkt: Es ist alles gesagt.

Gram ist ein Einzelgänger.

Gram und Freude drehen mit unterschiedlichen Geschwindigkeiten an der Uhr.

Das **Groteske** ist der Nachbar des Ehrwürdigen.

Wo Geld für die Musik sorgt, gehen bei manchem die **Grundsätze** schnell mal flöten.

Das **Gute** entfaltet seinen ganzen Charme dort, wo das Böse für den Kontrast sorgt.

Wenn es bei Verstand und Intuition hakt, übersieht man vor lauter Köder schon mal den **Haken**.

Das Motto konsequenter **Haltlosigkeit**: Man muss loslassen können.

Eine **Handlung** lässt sich nur recht verstehen, wenn man auch den Geist kennt, aus dem heraus sie entstanden ist.

Wenn der Tag schon vor dem ersten Kaffee mit einer echten **Herausforderung** beginnt: die Folie auf dem neuen Nutella-Glas.

Bei Betrachtung der Geschichte muss einem aufgehen, dass alle **Herrschaftssysteme** irgendwann untergehen.

Auch **Herrschsucht** dient. Dem unbedingten Willen, über andere zu gebieten.

Heuschrecken-Investoren – ständig eine neue Prise. Das Admiralitätsrecht macht's möglich.

Historisch – wenn Experten eine Möglichkeitsform des Vergangenen im Indikativ anbieten.

Es scheint, dass **Hitler** gerade wieder seinen Vertrag bei den Fernsehanstalten verlängert hat. Mit noch mehr Sendezeit.

Hoffnung: ein Gottesgeschenk mit zwei Seiten. Auf der Rückseite steht Enttäuschung.

Aus dem Handbuch der Enttäuschungen: Manche **Hoffnungen** sind schon vor die Wand gesetzt, bevor man sie fahren lässt.

Hoffnungen lassen uns gerne mal hängen, wenn sie es nicht in den Indikativ geschafft haben.

Das Steckenpferd der **Hypermoral**: an Gedankenverbrechen festbeißen und öffentliche Missstände links liegen lassen.

Die Welt, das Leben – was wir wissen: ein Geflecht aus mehr oder weniger gelungenen **Hypothesen**.

In der Realität stehen **Ideale** häufig nur im Weg. Man stößt sich an ihnen.

Hinter heiligen **Idealen** wartet oft das größte Entsetzen, wenn diese mit kompromissloser Vehemenz angestrebt werden.

Ein Eldorado dummer **Ideen**: das Märchen vom anthropogenen Klimawandel.

Das Problem der Demokratie ist, dass die wirklich guten **Ideen** nie die richtigen Köpfe finden.

Das Zauberwort für suboptimale **Ideen** heißt Arbeitskreis.

Es gibt Menschen, denen das wiederholte Eingeben der persönlichen **Identifikationsnummer** gehörig auf den Pin geht.

Idiotenapostroph: das Arschgeweih unter den Schriftzeichen.

Um im Leben zurechtzukommen, braucht es neben Selbstvertrauen ein gesundes Maß an **Ignoranz**.

Ignoranz ist die Fähigkeit, zu übersehen, was man sehen kann.

Illusion ist, wenn man vom Schattenwurf auf ein Wolkenkuckucksheim schließt.

Das **Image** ist ziemlich eigen. Gerade, wenn es sich gut und gesund präsentiert, ist es besonders pflegebedürftig.

Kategorischer **Imperativ** der Bäckerinnung: Spiel mir das Lied vom Brot!

Den Höhepunkt der **Impotenz** erlebt man in der Politik: Was man zu sagen hat, das sagen die, die nicht gewählt sind.

Individualisierung: das Postskriptum, nachdem die Kollektivierung der Geschäft gewordenen Welt an die Wand gefahren wurde.

Da es für **Inkompetenz** kein eigenes Ressort gibt, geistert sie heimatlos in allen Bereichen der Politik herum.

Konsequente **Inkonsequenz** nennt sich auch
Fingerspitzengefühl.

Die **Inspiration** kommt gerne dann, wenn der
Wille, der sie unbedingt einladen wollte, nur
noch ganz kleine Brötchen backt.

Der Moment der **Inspiration** bricht eher dann
an, wenn man ihn nicht übers Knie bricht.

Es wäre schön, wenn man für Zeiten, in denen es
mal nicht so läuft, eine Notration an **Inspiration**
zurücklegen könnte.

Wenn die **Instinkte** sprechen, ist es besser, nicht
das letzte Wort zu behalten.

Instinkte halten sich nicht lange mit Gründen auf, wenn sie mit dem Verstand konferieren.

Gut, dass es das **Internet** gibt. Endlich haben dumme Kommentare eine Heimat.

Der **Interpret** interessiert sich für das, was der Text unter seinem Ausgehanzug tragen könnte.

Wenn es bei Verstand und **Intuition** hakt, übersieht man vor lauter Köder schon mal den Haken.

Intuition: mausert sich bei guter Pflege.

Ironie ist, wenn das Komplement des Gesagten das Gemeinte, aber das Gemeinte kein Kompliment ist.

Zum Leben gehört es, **Irrtümer** zu sammeln. Erfolg zu haben heißt, ihrer Exklusivität verpflichtet zu sein.

Häufig als Duett zu hören: **Ja** und aber.

Jammerhase und Angstlappen: Ergebnis der Kreuzung zweier verwandter Arten, die sich die Maxime „Sei ein Frosch!" zu eigen gemacht haben.

Die Wahrheit ist, dass wir ohne **Journalisten** weitaus weniger nennenswerte Halbwahrheiten wüssten.

Fakten, die nicht passen, werden von der **journalistischen** Bordkapelle ignoriert, Fakten, die passen, generiert.

Dass man nicht **jünger** wird, merkt man auch daran, dass zum wiederholten Mal der Hausarzt pensioniert wird.

Wenn jemand nur lange genug durch den Kakao gezogen wird, ist es irgendwann kalter **Kaffee**.

Herzensangelegenheit: ein **kardiologisches** Problem.

Wenn die **Karikatur** glänzt, beißt die Satire.

Für den **Karikaturisten** braucht es nur wenige spitze Striche, um punktgenau zu formulieren.

Politik ist, wenn es zu jedem unbeschriebenen Blatt, das politisch **Karriere** macht, schon vor dem Start ein Dossier gibt.

Karriere ist, denkt sich der Karrierist.

Karriereknick: Wenn man Plan A unerwarteterweise knicken kann.

Zum Kompetenzprofil politischer **Karrieristen** gehört es, Fakten so verdrehen zu können, dass sie zu den eigenen Halbwahrheiten passen.

Manche **Katastrophen** sind einfach nur die konzeptionelle Antwort politischer Regisseure auf die Frage nach strategischer Veränderung.

Als **Katze** lässt es sich bei sieben Leben ziemlich entspannt über die Existenz philosophieren.

Rhetorische Frage: Wer oder was geht in der **Kirche** um, wenn diese von allen guten Geistern verlassen ist?

Kirche heißt die Gesellschaft, in der das Bodenpersonal sich selbst ermächtigt hat, für den Chef dauerhaft einzuspringen und dem Teufel zur Hand zu gehen.

Alte **Klassiker**: Bücher, die es sich verdient haben, ewig unberührt im Egal zu stehen.

Komma auf den Punkt!

Der **Kommerz**. Der Mensch. Das Kollateral.

Kommunikation ist ein wunderbares Mittel, Konflikte zu eskalieren.

Kommunikative **Kompetenz** definiert sich nicht allein über Tiefgang, sondern auch über professionelle Oberflächlichkeit.

Es gibt Politiker, deren einzige **Kompetenz** in der Fähigkeit besteht, Lösungen für Probleme anzubieten, die sie zuvor geschaffen haben.

Potemkinsche **Kompetenz** – das wichtigste Accessoire des Blenders.

Zu
viele
Kompromisse
entmündigen
jedes
Projekt.

Kompromist heißt das Ergebnis, wenn sich zwei an einen Tisch gesetzt haben und einer über denselben gezogen wird.

Konferenz: Organisierte Langeweile auf Expertenebene.

Konformität stellt den Rahmen, aus dem Individualität herausfällt.

Könige sind aus der Mode gekommen. Ein Lied darüber können auch die Kunden ehemaliger Staatsbetriebe singen.

Ein **Königreich** für einen Nerd: Sonderling mit Spezialinteressen und sozialen Defiziten händeringend gesucht.

Konsequenz: Halb zog er sie, halb stank es ihm.

Konsequenz heißt, auf dem falschen Dampfer bis zum Ende mitzureisen.

Erfolgreiche gleichgeschlechtliche **Kontaktanfrage**: Fassungslosigkeit findet maßlose Enttäuschung.

Kontinuität: das Postulat der Einfallslosen.

Konversation machen zu können heißt, etwas sagen zu können, ohne etwas zu sagen.

Konzentration ist die Fähigkeit, die Gedanken zu überreden, noch zu bleiben, wenn sie gerade gehen wollten.

Konzentration ist die Tugend, der Sache die Treue zu halten, bei der man ist.

Konzeptionelle Kompetenz: die Fähigkeit, Ideen spätere Probleme früher anzusehen.

Auch ein heller **Kopf** ist gegen düstere Gedanken nicht gefeit.

Kopfhörer: Ohr-Accessoires für Kommunikationsmuffel.

Es ist erstaunlich, wie viel Zeit manche Menschen darauf verwenden, sich als **Kopie** eines anderen zu gestalten.

Wenn auch der Mund schweigt, der **Körper** spricht ständig.

Manchmal heißt der Grund für Vergesslichkeit einfach nur **Korruption**.

Kostenfallen vermitteln im Vorhinein, Kosten fallen kaum an.

Wo **Kraft** limitiert ist, wirkt Stetigkeit nicht selten Wunder.

Kreativität schafft Spielräume, die den Regeln noch gar nicht bekannt waren.

Auf dem **Kreuzweg** politischer Inkompetenz tummeln sich die Steuerzahler.

Krieg ist eine lukrative Option des großen Geldes, das den Hals nicht vollkriegt.

Wo es keine gibt, schafft die politische Hausapotheke gerne mal künstlich **Krisen** und Ängste, um Dinge verändern und diese mit ihren Mitteln kontrollieren zu können.

Kritik – nicht mehr als das verbalisierte Ego des Kritisierenden, wenn sie auf Konstruktivität verzichtet.

Der **Kritiker** erfindet die Laufmaschen zum Text.

Die **Kröte**, ein entarteter Frosch, dem Imperativ „Sei kein Frosch!" verpflichtet

Kühle steht dem Kopf besonders gut dann an, wenn der Überblick abzugehen droht.

Die **Kultivierung** der Digitalisierung: Die Wahrzeichen der Epoche bewegen sich zwischen Eins und Null.

Künstliche Intelligenz auf dem Vormarsch. Gefühle? Bald nur noch eine evolutionäre Schrulle.

Wichtige Fragen sollten **kursiv** auftreten.

Langeweile – wenn man satt Zeit hat und die Zeit satt hat.

Langeweile - Rossbreiten der Seele.

Eine **Last**, die man annimmt, nimmt ab.

Ist die **Laune** erst im Keller, kann sie auch gleich etwas mitbringen, wenn sie wiederkommt.

Leben – danach kassiert die Konjunktive.

Für die Rabatte, die das **Leben** gewährt, fehlt immer noch der gemeinsame Nenner.

Das Problem ist, dass das **Leben** mitunter Antworten gibt, zu denen man die Fragen erst mühsam finden muss.

Heißer Kaffee kann nicht nur die **Lebensgeister** wecken, sondern bei äußerer Anwendung auch schlafende Hunde.

Lebenslügen – das fragwürdigste Konzept für Lebenslücken.

Der Kunst des **Lehrens** besteht darin, Fragezeichen auszusenden, an die der Empfänger bereitwillig seine Neugier hängt.

Wo **Leichtsinn** sich auslebt, ist Trübsinn nicht selten der letzte Gast.

Zwischen Unbekümmertheit und Fahrlässigkeit – **Leichtsinn** steckt ein weites Feld ab.

Leidenschaft ist der Strich in der Rechnung der Vernunft.

In den **Leitmedien** sind Fakten gerne mal als Kompositum mit Post unterwegs.

Lesen heißt auflesen, was ein Autor ausgestreut hat.

Wenn sie auszieht, die **Liebe**, steht mit dem Hass der Nachmieter nicht selten schon vor der Tür.

Liebe: das Bedürfnis, blauäugig zu sehen.

Liebe – eines der Hauptkapitel im Logbuch der Phrasen.

Links kommt von link. Eine ehrenwerte Gesellschaft, wenn Konnotate und Denotat konferieren.

Links liegen lassen! Eine Maxime, die im Internet grundsätzlich wenig zielführend ist.

Wenn **Logik** die Rechnung aufmacht, schließt sie.

Wirklichkeit führt **Logik** mitunter gerne vor, wenn diese sich mal wieder allzu sehr mit der Dogmatik eingelassen hat.

Man muss auch **loslassen** können. Sag das mal jemandem, der am Abgrund hängt.

Luftnummer - wenn große Pläne und Gestaltungskraft nicht zusammenfinden wollen.

Besonders hartnäckige **Lügen** werden in der Nachspielzeit saldiert.

Große **Lügen** machen es sich gerne hinter kleinen Wahrheiten bequem.

Die Crux eines **Lügengeflechts** ist die Labilität seines funktionalen Zusammenhangs.

Lust verliert sich, wenn ihr das Maß abhandenkommt, in Leid und Last.

Spätestens wenn es ans Eingemachte geht, macht **Macht** sich gerne mal unabhängig von dem, was das Gewissen ausmacht.

Nicht selten macht **Macht** Recht recht beugsam.

Wenn es wirtschaftlich schlecht läuft, wird rationalisiert. So auch bei den **Mainstream**-Medien. Als Erstes wurde der Wahrheit gekündigt.

Selbst ohne Umriss - was man nicht sehen kann, **malt** man sich aus.

Man macht – das Gesetz der Masse.

Wer auf dem **Markt** bestehen will, sollte sich des Unterschiedes zwischen Imagepflege und Imagephlegma bewusst sein.

Die Wahrheit - ein Titan auf dem **Markt** gescheiterter Hoffnungen.

Maß der Freiheit, Maß der Sicherheit – reziproke Proportionalität.

Laissez-faire – die **Maxime** Gottes.

Das Betriebsgeheimnis der Demokratie – die **mediale** Steuerung der Mehrheiten.

Die **Medien** haben der Wahrheit durch die nicht inkludierte Präsenz derselben zu einer außerordentlichen Exklusivität verholfen.

Wenn positiv negativ konnotiert, dann spricht die **Medizin**.

Die Crux moderner ärztlicher Wissenschaft: **Medizin** studiert, den Menschen nicht.

Meer geht nicht – absolute Nicht-Urlaubspräferenz.

Meer oder weniger – zur Not tut's auch ein See.

Für das Denken der **Mehrheit** gibt es reichlich Betreuungsangebote.

Wir leben in Zeiten, in denen die veröffentlichte öffentliche **Meinung** eine exemplarisch groteske Figur abgibt, wenn sie sich beim gesunden Menschenverstand vorstellt.

Der einzelne **Mensch** ist eine Rarität, die weit verbreitet ist.

Menschen in der Vor-Internet-Zeit: Null-Blog-Generationen.

Menschen, denen alles am Arsch vorbeigeht, müssen sich nicht wundern, wenn irgendwann alles im Arsch ist.

Der gesunde **Menschenverstand** findet die Wahrheit dort, wo er das medial Aufgetischte wendet und mit dem unter den Tisch Gefallenen kombiniert.

Es gibt **Methoden** zum Umgang mit quantitativen Informationen, die der Wahrheit nur selten begegnen.

Miss Verständnis: Fräulein Einfühlungsgabe.

Ein fatales **Missverständnis** göttlicher Worte:
Seid furchtbar und versehret euch!

Dass sich aus **Mist** recht Gegensätzliches
generieren lässt, beweisen Optimist und
Pessimist.

Finanzielle **Möglichkeiten**: Der Horizont, den
der Konjunktiv für den Indikativ malt.

Wo die **Moral** residiert? Bei Politikern jedenfalls
nicht im eigenen Stall.

Es ist ein Kreuz mit der **Moral**. Anspruch und
Wirklichkeit können manchmal partout nicht
miteinander.

Wenn Politiker über **Moral** schwadronieren, stehen sie meist in Schuhen, die zu groß sind.

Bei Geld vergisst **Moral** schon mal ihr Credo.

Moral: bei dem ein oder anderen Wegwerfartikel oder Mehrweg.

Multitasking: die Fähigkeit, mehrere Dinge gleichzeitig falsch zu machen.

Das Betriebsgeheimnis der **Musen** hat noch niemand richtig begriffen.

Der sozialistische **Mythos** der Chancengleichheit – der programmierte Bankrott des Bildungssystems.

Am Futtertrog des **Mythos** lässt sich auch die Lüge studieren.

Besonders lästig sind **Nachbeter**, die meinen, sie müssten anderen auch noch etwas vorbeten.

Häufige Vorhaltungen wirken nicht selten **nachhaltig**.

Nachher erspart dumm zumindest den Komparativ.

Nachsicht ist die kultivierte Form der Missbilligung.

Nachsicht

steht

nicht

im

Handbuch

der

Perfektionisten.

Der **Nährboden** der Lösungen: Probleme.

Das, was die **NASA** so alles an Fakten anbietet, hat etwa die Qualität der Farbspekulationen in der Dinosaurierforschung.

Es gibt Menschen, die eine **Nase** dafür haben, den falschen Leuten ihr Ohr zu leihen.

Ein bisschen Nebel und die **Natur** sieht gleich viel nachdenklicher aus.

Der Mensch mag sich noch so viele Gedanken machen, wenn die **Natur** philosophiert, behält sie das letzte Wort. Über kurz oder lang.

Der mediale Mainstream bewegt sich bevorzugt dort, wo Wahrheit primär sekundär und das Wesentliche in der Hauptsache **nebensächlich** ist.

Nebenwirkungen - das Programm zur langfristigen Kundenbindung in der Pharmaindustrie.

Zum Ja gibt es leider keinen Beipackzettel, der über die **Nebenwirkungen** aufklärt.

Wo ein einfaches **Nein** sich ziert, lassen sich Schwierigkeiten manchmal nicht lange bitten.

Nein – Dienstanweisung zum Stressabbau.

Nirgends richtig zu sein, gelingt erfolgreich, wenn man überall sein möchte.

Opportunismus verkauft sich, verbal aufgehübscht, gerne auch mal als Flexibilität.

Manchmal muss man der Realität einfach etwas Zeit geben, sich dem **Optimismus** anzupassen.

Opportunist: ein Kommt-darauf-an-Mensch.

Manchmal wünscht man sich, ein Hermes-**Paket** zu sein. Einfach noch ein bisschen liegen bleiben.

Paradigmenwechsel: der Notausgang aller Theorien.

Paradox ist, wenn einem geistloses Gerede auf den Geist geht.

Gut gemeint und gut gemacht. Schnittmenge: das gleiche **Partizip**.

Partnerbörse für gebrochene Herzen: Schrottwichteln.

Partnerwahl: bei manchen Menschen nur durch Organversagen erklärbar.

Wenn sich das Realaussehen dem **Passfoto** annähert, ist es höchste Zeit, sich Gedanken zu machen.

Potent wird ein **Patent** der Natur, wenn es sich dem menschlichen Geist offenbart.

Der Traum von der **Perfektion** kann schnell zum Albtraum werden, wenn mehr als nur ein Näherungswert angestrebt wird.

Perspektive: die Variable, die Vorurteile fürchten.

Pessimismus: das Kellergeschoss der Vernunft.

Der Leitsatz der **Pharmaindustrie**: Mit Krankheiten darf man es sich nicht verderben.

Das Bonusprogramm zur Kundenbindung in der **Pharmaindustrie** heißt Nebenwirkungen.

Philosophie ist das Bemühen, den Nachlass der Götter vernünftig zu regeln.

Phlegma deine Geduld!

Die Crux ist, dass es für die Seele kein **Photoshop** gibt.

Aktenzeichen leerer Denkprozesse: **Phrasen**.

Die Ignoranz der Träume: Von **Physik** wollen sie nichts wissen.

Mit der **Politik** hat Gott dem Menschen ein weites Feld bereitet, das es manchem erlaubt, seine Inkompetenz auf höchster Ebene auszuleben.

Das Problem mit der **Politik** liegt darin, dass ihr archimedischer Punkt im Finanzuniversum liegt.

Erstaunlich ist, wie viele Nieten in der **Politik** das große Karriere-Los gezogen haben.

Wer in der **Politik** Ehrlichkeit sucht, der findet sie in Begehrlichkeit.

Das, was in der **Politik** wichtig ist, findet im Hinterzimmer statt, der Rest ist Illusionstheater für die Öffentlichkeit.

Wenn sich Moral in die **Politik** verirrt, dann gleich als Doppel.

Geht auf keine Kuhhaut mehr, aber in der **Politik**
passt's, auch wenn's manchmal wackelt, und
nimmt den Regierten noch mehr Luft.

Politiker und Banker versprechen gerne,
Rechnungen aufgehen zu lassen, bei denen schon
der Ansatz nicht stimmt.

Politisch korrekt: Das Kind liegt im Brunnen
und wer es beim Namen nennt, heißt Rassist.

Wenn Unvermögen und Skrupellosigkeit
zusammenfinden, wird daraus auch schon mal
eine **politische** Karriere.

Bei aller **Präzision**, Lügen muss man ständig
nachjustieren.

Wenn ein **Problem** mit seiner Kehrseite kokettiert, nennt es sich Herausforderung.

Die Mathematik hat ein ernstes Rassismus-**Problem**: der rechte Winkel.

Fehler und **Probleme** schlagen sich gern die Nächte um die Ohren und putzen sich dann besonders heraus.

Ein Perspektivenwechsel und schon setzen **Probleme** ein anderes Gesicht auf.

Probleme halten auch zu dir, wenn du sie verdrängst.

Die Kunst, überflüssige **Produkte** zu verkaufen, besteht darin, auf der Käuferseite dem Gedanken, ob man sie überhaupt braucht, möglichst wenig Platz einzuräumen.

Das **prometheische** Dilemma: eine Leberzirrhose für die Urheberrechte an der menschlichen Zivilisation.

Maß der Freiheit, Maß der Sicherheit – reziproke **Proportionalität**.

Die **Quadrat**-Uhr des Greises: Nicht alles läuft im Alter immer rund.

Wenn einem etwas in die Quere kommt und man denkt, dass es partout nicht weitergehen will, hilft **Querdenken**.

Wer den **Rahmen** für etwas abstecken will,
sollte vorher im Bilde sein.

Guter **Rat**? Teuer muss nicht zwingend gut sein.

Am liebsten sind mir **Ratschläge**, die ihre
Gewährleistungsgarantie gleich mitbringen.

Was **Ratschläge** angeht, sollte man genau
überlegen, ob man Emotionen mitdiskutieren
lässt.

Demnächst ermittelt der Staatsschutz, weil man
Rechtshänder ist.

Wenn der **Regen** von hinten kommt, wird es
rassistisch.

Es gibt Zeiten, da drängt sich der Eindruck auf, dass manche Menschen nur **regieren** um zu ruinieren.

Regierung – Gier mit Vor- und Nachsilbe.

Manchen Menschen ist kein Billet zu billig, um eine **Retourkutsche** zu fahren.

Das Betriebsgeheimnis der Schöpfung ist, dass Gott ein ganz eigenes Verständnis von **Revision** besitzt.

Die Arbeitshypothese der **Rhetorik** ist die Grundannahme der Dominanz der Fähigkeit zu langweilen.

Das Problem ist, dass das **Schicksal** manchmal eine ganz andere Rechnung begleichen will, als man aufgemacht hat.

Schicksal – oft alles andere als schick.

Schicksal: So nennt Gott seine Revisionsabteilung.

Mancher wird, was Zuweisungen angeht, erst richtig großzügig, wenn es um **Schuld** geht.

Schöne neue **Schule**: Bei der Beerdigung klassischer Kulturtechniken zeigen sich Tablets und Notebooks absolut emotionslos.

Reziproke Proportionalität – das Motto des **Schwätzers**: wenig Ahnung, aber viel Meinung

Manchmal fehlen einem sogar in der Sprache des **Schweigens** die Worte.

Jedes **Schweigen** hat seine ganz eigene Syntax.

Schwierigkeiten – das eine Gesicht des Januskopfes. Das andere heißt Möglichkeiten.

Manche **Seele** muss erst von der Karriereleiter fallen, die sie zuvor ohne Skrupel emporgeklettert ist, um sich zu finden.

Die Krux der **Seele** sind ihre Haken. Da bleibt alles Mögliche hängen.

Gedanken sollte sich machen, wer Schwierigkeiten hat, seine eigene Meinung im **Selbstgespräch** zu vertreten.

Selbstverwirklichung beginnt da, wo „Das gehört sich so!" hinterfragt wird.

Selbstverwirklichung beginnt damit, dass man weiß, wessen Feld man bestellt.

Fan de **Siècle**: Auch das beschissenste Jahrhundert findet noch seine Anhänger.

Der Trugschluss mancher Menschen ist zu glauben, Gott kenne den Begriff der **Sinnlosigkeit**.

Wenn Unvermögen und **Skrupellosigkeit** zusammenfinden, wird daraus auch schon mal eine politische Karriere.

Skurril ist, wenn das Genie über etwas Idiotisches stolpert.

Solidarität - die Umlage von Unannehmlichkeiten.

Sorgen: Gedanken, die sich gerne im Konjunktiv immatrikulieren.

Soziale Medien: der Mülleimer der Generation Internet.

Sozialisation – wenn Gefühle die passende gesellschaftliche Garderobe erwerben.

Sozialismus ist, wenn die Denkfehler in Dogmen gegossen werden.

Spätzle – mehr Eier als die politische Führung.

Wer den Halbwahrheitsgehalt der Nachrichten bezweifelt, sollte erstmal in den **Spiegel** schauen.

Das Problem ist, dass der Teufel sein **Spitzbubengesicht** viel zu selten aufsetzt.

Manchmal fehlen einem sogar in der **Sprache** des Schweigens die Worte.

Wer es vor dem Fernseher realistisch mag: Für die richtige **Stadionatmosphäre** kann man sich auch selbst das Bier von hinten über den Kopf schütten.

Stammtische und das Internet: ein wunderbarer Ort für Würstchen, die überall ihren Senf dazugeben müssen.

Ein bisschen **Statistik** und schon frisst das Volk die halbe Wahrheit.

Eine passende **Statistik** hat schon so mancher Lüge die Schuhe besohlt.

Wenn **Statistiken** ihr Make-up auflegen, kann man sich die Wahrheit abschminken.

Antinomie der **Stille**: Abgrund oder Weg zur Erkenntnis.

Stigma heißt der Stempel, mit dem sich die zugeschriebenen Merkmale die Diskreditierung bestätigen lassen.

Strand – da steckt Meer dahinter.

Wenn eine **Supermacht** sich irrt, bekommen Irrtümer eine ganz eigene Qualität.

Man muss auch loslassen können, denkt sich die Sonne, wenn sie den **Tag** in die Nacht verabschiedet.

Eine Nacht Bedenkzeit braucht der **Tag**, bevor ihm erneut ein Licht aufgeht.

Es gibt Menschen, die jeden **Tag** leben, als wären sie das Letzte.

Der Nachfolger steht im Dunkeln, wenn ihm der scheidende **Tag** die Geschäfte übergibt.

Wo **Takt** und Wahrheit sich miteinander einlassen, erfordert es mitunter Auslassungen der Wahrheit.

Teuflische **Taktik**: mit drei Sechsern im zentralen Mittelfeld.

Theorien: wissenschaftlich aufgehübschte Irrtümer.

Medienpräsenz ist alles. Das gilt auch für **Theorien**. Manche sind in aller Munde, obwohl sie mit der Wahrheit nie an einem Tisch gesessen haben.

Toleranz nennt man das Gewährenlassen derjenigen, die einem auf den Geist gehen.

Emissionsfrei lebt es sich am besten **tot**.

Transgender hat eine Schattenwelt: Mann und Frau.

Das Paradies des Konjunktivs: der **Traum**.

Der **Traum** ist ein Dialog mit dem Inventar der Seele.

Das Problem der Langeweile ist, dass sie das Tête-à-Tête mit der inneren Leere als **trostlos** empfindet.

Trübsal: nicht geschüttelt, nicht gerührt, sondern geblasen.

Überzeugungen setzen der Wahrnehmung eine Brille auf. Starre Überzeugungen machen blind.

Enttäuschungen – der **Umschlagplatz** für Erfahrungen.

Umstände – der Innenarchitekt des Lebens.

Umweltschutz? Darf es auch ein bisschen Meer sein?

Wer sich vor einer emotionalen Reaktion einen Moment des Durchatmens oder gar eine Nacht des Überschlafens gönnt, kann sich erstaunlich viele **Unannehmlichkeiten** ersparen.

Es soll schon vorgekommen sein, dass ein **Unternehmen** übernommen wurde, weil es sich übernommen hatte.

Unvollkommenheit – eine Glücksfall für die Kritiker.

Schweigen: die vielleicht wichtigste sprachliche Äußerung der **Verachtung**.

Verantwortung? Die Antwort steckt zwischen Präfix und Suffix.

Entfernte **Verbrannte:** entsorgte Toastscheiben, die sich zu lange im Toaster aufgehalten haben.

Bevor man sich **vergisst**, sollte man bedenken, dass andere sich später vermutlich gut daran erinnern können.

Die Kunst, überflüssige Produkte zu **verkaufen**, besteht darin, auf der Käuferseite dem Gedanken, ob man sie überhaupt braucht, möglichst wenig Platz einzuräumen.

Das Problem der **Vernunft** ist, dass sie mit den Gefühlen nicht auf Augenhöhe diskutiert.

Vernunft ist die Sicht auf den Indikativ.

Der **Verstand** hat eine böse Schwester: die Gemütslage.

Vielleicht – verbale Bedarfsumleitung.

Vision heißt die Visitenkarte, die die Zukunft der Gegenwart in die Hand drückt.

Visionen sind das Archiv der Zukunft.

Die **Volkswirtschaft** zieht ihren Nutzen aus der Abnutzung.

Nachbilder sind optische Täuschungen, denen auch **Vorbilder** unterliegen können.

Vorher oder nachher? Erfahrungen haben da eine ganz andere Meinung als die Intuition.

Wenn man bei dem, was kommt, **vorher** mal nachsehen könnte, könnte man sich nachher bei schlau den Komparativ sparen.

Vornamen verraten weniger über ihren Träger als über die geistige Haltung der Erzeuger.

„Mal sehen, was das Jahr uns so alles vorsetzt und ob wir dann noch bleiben", sagen sich die **Vorsätze** zu Beginn des neuen Jahres.

Was Gegenargumente angeht, sind **Vorurteile** manchmal wie ein Fass ohne Boden.

Wenn einem das Leben **Wachstumsimpulse** offeriert, sollte man sich nicht an der Verpackung stören. Darauf steht meistens Problem.

Offiziell und **wahr** gehen nicht selten getrennte Wege.

Das Problem der **Wahrheit** ist, dass ihre Halbschwestern regelmäßig schneller laufen.

Dort, wo man der **Wahrheit** konsequent die Koffer vor die Tür stellt, sorgt sie irgendwann für einen Skandal, indem sie unerwartet nackt ins Haus platzt.

Wahrheit - nicht die Lokalität, wo man hingeht, um sich zu amüsieren.

Politische Karriere geht mit der Befugnis, die **Wahrheit** zu sagen, nicht zusammen.

Wenn die **Wahrheit** in den Massenmedien auftritt, zeigt sie sich zumeist gut frisiert.

Harmonie: Für drei Silben hat sich die **Wahrheit** schon mal ziemlich einsilbig zu geben.

Vor oder nach den Wahlen? Die Halbwertzeit politischer **Wahrheiten** ist eine Frage der Präposition.

Warteschleifen: Es freuen sich der Konjunktiv und die W-Fragen. Was man inzwischen so alles Sinnvolles tun könnte?

Was geht ab, Alter? Permanent-Marker jedenfalls nicht.

Den **Wechsel** vom Studenten- ins Arbeitsleben merkt man auch daran, dass es statt der Freitage plötzlich mehr Montage gibt.

Den geraden **Weg** zu gehen, ist nicht jedermanns Sache, aber so mancher findet erst gerade dann seinen Weg, wenn er irrt.

Kein kleiner Wurf für den Einzelnen, ein großer Wurf für die Gesellschaft – der Weg weg von der **Wegwerfgesellschaft**.

Die **Welt** der Schlautelefone –
Bewusstseinsflüchtlinge willkommen.

Von manchem **Weltbild** bliebe nichts, würde
das, was gemeinhin im Dunkeln bleibt, ins Licht
gesetzt.

Wiedergeburt? Klar. Habe gerade jemanden
getroffen, der den Verstand meines vor 30 Jahren
verstorbenen Meerschweinchens hatte.

Die Tür in der Wand, gegen die der **Wille**
ständig läuft, öffnet erst die Vorstellungskraft.

Paradoxon des **Wissens**: Je mehr der Speicher
gefüllt wird, umso größer erscheint der Bereich,
der frei bleibt.

Wissenschaft ist die Verwandlung einer Idee in ein Modell, an das man glaubt. Oder auch nicht.

Wissenschaftsrezeption: Nicht selten geht heiße Luft für bare Münze durch.

Ich würde ja gerne **wollen**, aber zuvor müsste mal jemand mit dem ganzen Müssen aufräumen.

Für den, der in Gesichtern lesen kann, braucht es nicht erst viele **Worte**.

Manche **Worte**, die erst einmal geäußert sind, wird man nur schwer wieder los.

Um das Undenkbare balgen sich die **Wörter**.

Wer in **Wut** ist und nicht unüberlegt in Schieflage geraten will, sollte sein Handeln erst einmal darauf beschränken, die Segel zu reffen.

Ein Vollblut-Mathematiker hat, selbst wenn er Kla4 spielt, wenn er 2felt oder gute N8 sagt, nichts als **Zahlen** im Kopf.

Man frisst der **Zeit** so lange vom Teller, bis er bricht.

Für Karma ist die **Zeit** das ideale Versteck.

Die Crux ist, dass man mit zunehmendem Alter immer langsamer wird, während die **Zeit** immer schneller läuft.

Müll: Der Fußabdruck eines verpackten **Zeitalters**.

Es gibt **Zeiten**, da arbeiten Politiker besonders hart daran, sich, was das öffentliche Ansehen angeht, hinter den Zuhältern einzusortieren.

Zeitgeist: Wer sich mit ihm verbindet, kann gewiss sein, dass es sich allenfalls um einen Lebensabschnittspartner handelt.

Nein – das wichtigste Kapitel im Manual des **Zeitmanagements**.

Zerstreutheit ist die Fähigkeit, Denken und Tun erfolgreich voneinander zu trennen.

Zivilisation: wissenschaftlicher Fortschritt ohne Intuition und Feingefühl.

Was kümmern den **Zufall** Zahlenwerte und Prozente.

Zufriedenheit? Vergleichen schafft Abhilfe.

Glück und **Zufriedenheit**: eine Frage des Haltbarkeitsdatums.

Zufriedenheit - keine Frage der beruflichen Stellung, sondern der Einstellung.

Der **Zufall** - die Konstante, die für den Strich durch die Rechnung verantwortlich zeichnet.

Wenn die Intuition in der **Zukunft** spazieren geht, weiß sie um das Betriebsgeheimnis der Chronologie.

Wenn Gegenwart und **Zukunft** mit den Zinsen über Schulden diskutieren, haben sie oft ziemlich unterschiedliche Ansichten.

Die Crux im Leben ist, dass **zuständig** und anständig oft nicht zusammenfinden.

Wenn **Zweifel** ständig arbeiten, dann balancieren sie Entscheidungsfragen in Endlosschleifen.

Dort, wo der Idealist einen enttäuschten Blick hinter die Kulissen tut, wartet geduldig der **Zyniker**.